PROCEDVRES
DE LA DENONTIATION

FAITE CONTRE Mᵉ PIERRE DE
BRAGELONGNE TRESORIER GENERAL
de l'Extraordinaire des Guerres, &
Cauallerie legere.

ET DE L'EMPRISONNEMENT TORTIONNAIRE
& mort par poison de Isaac Godeau Denontiateur.

M. DC. XXIIII.

2

AV ROY.

IRE,

Le Diuin surnom de *IVSTE* que *V. M.*
porte, m'a faict ietter à ses pieds, luy demandant
Iustice pour mon fils cruellement persecuté, inique-
ment emprisonné, puis empoisonné, pour auoir re-
uellé à *V. M.* & s'estre mis en deuoir de verifier les
Larcins commis par l'vn des Officiers de vos Finances. Et bien que la
douleur qu'vn Pere ressent de la mort de son fils vnique, soit extreme, l'affection
toutesfois du fidel subiect enuers son Roy qui l'outrepasse infiniement, me
meine encor à *V. M. SIRE*, pour luy presenterles Actes & Procedures faites en cét affaire. Elle y verra la Preuarication s'opposer au vouloir que *V. M.*
auoit d'en auoir la cognoissance, & l'Iniustice empescher le chastiment qu'elle
auoit commandé estre faict des coulpables. Ainsi *V. M.* plus brillante de ver-
tus, que ornee de ses Sceptres & Couronnes; se faisant faire la Iustice pour son
Interest, me la fera aussi rendre, s'il luy plaist, de la mort de mon fils, lequel ayant
perdu sa vie pour le seruice de *V. M.* (l'appuy qu'il estoit de ma foible vieillesse,)
i'exposeray, de mesme, ce qui me reste de iours, *SIRE*, comme estant

D. V. M.

Le tres-humble, tres-obeissant, & tres-fidel
subiect & seruiteur
ISAAC GODEAV.

A ij

PIECES CY CONTENVES.

CAVSES DE LA
DENONTIATION DE
ISAAC GODEAV.

LES Offres & Propositions faictes au Roy par le Sr. Bourgoin au mois de Feurier 1623. pour faire rendre à sa Majesté les deniers pris & vollez par les Officiers de ses Finances, estans publiées; grand nombre de personnes iugeans par l'euidente vtilité de l'affaire, la Resolution en deuoir estre aussi tost prise, l'establissement faict, & l'execution commencée, que ladite Proposition faicte; assembloient desja leurs Memoires, & faisoient leurs preparatifs, pour à l'enuy & à qui mieux mieux, seruir sa Majesté en vne occasion si celebre. Mesmes des Commis, Complices & Domestiques de Financiers, qui pour crainte de la peine, qui pour autres considerations, se disposoient d'y trauailler.

Isaac Godeau, aagé de 27. ans, employé par Me. Pierre de Bragelongne Tresorier general de l'extraordinaire des guerres, estant entre autres venu conferer auec ledit Bourgoin, luy auroit dit que ledit Sieur auoit employé en ses Comptes des Regimens imaginaires. Supposé des Maistres de Camp & Capitaines. Retenu les deniers destinez pour le payement des gens de guerre estans sur pied. Fait fabriquer quantité de Roolles de Monstres, & falsifié les Estats expediez pour la despence à faire, & de la despence faicte.

L'horreur de tant de crimes considerée, Bourgoin conseilla audit Godeau d'en donner Aduis au Roy, pour faire haster ladite Recherche generalle, mais qu'il se gardast bien de demander des Commissaires particuliers, ains attendist l'establissement d'icelle Recherche, autrement qu'il luy predisoit qu'il s'en trouueroit mal; luy donnant ceste Leçon, & à tous les autres Denontiateurs; Qu'il ne faut pas attaquer les Financiers deuant les Iuges ordinaires, quels qu'ils soient, d'autant que les Denontiateurs & les Financiers ne sont billes pareilles; Mais qu'il les faut attirer deuant des Iuges extraordinaires, qui par maniere de dire ne les cognoissent, & s'il se peut, ne les virent oncques, comme il a monstré au Pressoir des Esponges du Roy, pag. 11. 12. 13.

Godeau effectua bien pour le regard de l'Aduis au Roy, lequel il donna à S.M. au mois d'Auril ensuyant. Mais quand au surplus, il fit le contraire : car apprehendant la complicité, & impatient d'attendre ladite Recherche generalle, il demanda vne Abolition, & des Commissaires pour proceder presentement à la verification desdites Mal-versations. Ce que S.M. luy accorda, & par aduance luy fit expedier le present Breuet.

A iij

BREVET DE PROTECTION DV ROY,
à ISAAC GODEAV.

AV jourd'huy 28. d'Auril 1623. Le Roy estant à Fontaine-bleau. Sur l'Aduis qui luy a esté donné de plusieurs Faulcetez & Mal-versations commises par quelques vns des Officiers de ses Finances ; & que vn nommé Isaac Godeau, qui a trauaillé pour aucuns desdits Officiers, pouuoit donner entiere cognoissance, & descouurir lesdites Faulcetez & Mal-versations à ceux qu'il a pleu à S. M. de commettre à la Recherche d'icelles ; Elle a commandé audit Godeau de leur en donner tout l'esclaircissement qu'il pourra ; & pour ce qu'estant complice desdits Officiers coulpables, & qu'il a trempé ausdites Mal-versations, tant par crainte, respect, que autrement, il craint d'en estre recherché ; Comme aussi de toutes les faulces signatures qu'il pourroit auoir faictes pour cet effect ; Sa Majesté desirant en consideration de ce que de luy mesmes & sans contrainctre, il a offert de verifier toutes lesdites Mal-versations par luy commises, & par lesdits Officiers des Finances ; luy leuer tout subiect de crainte, & empescher qu'il soit recherché, & qu'il luy soit faict aucun trouble en ceste occasion ; Sa Majesté en ce cas l'a pris & mis en sa protection & sauuegarde specialle, luy a remis & pardonné, remet & pardonne lesdites Faulcetez & Crimes, de quelque qualité qu'ils puissent estre. En tesmoin dequoy elle m'a commandé luy en expedier toutes lettres de Remission & Abolition necessaires. Et ce pendant le present Breuet signé de sa main, & contresigné par moy son Conseiller & Secretaire d'Estat, & de ses commandemens & Finances. Signé Louys, & plus bas, Brulart.

* * *

LE bruit de cét affaire espandu pour la renommee du personnage, beaucoup desiroient voir quelle en seroit l'issue. Le Roy ordonna à Monsieur de Machault Maistre des Requestes, de se transporter à la Chambre des Comptes pour en faire la verification ; & par apres, Godeau receut commandement de sa Majesté de s'addresser à luy pour l'instruction d'icelle. A quoy il obeyt, & mit és mains dudit Sieur de Machault les Memoires de sa Denontiation, puis s'achemina à Paris auec deux Archers de la Preuosté de l'Hostel, qu'il requit pour sa seureté.

Arriué qu'il fut, ledit Sieur de Machault luy osta lesdits Archers, & luy persuada de se loger auec vn sien domestique, mais qui estoit de la qualité cy apres. Quoy faict, iceluy Sieur de Machault fit sa poursuite enuers ladite Chambre des Comptes, & auec le Sieur Girard Procureur general en icelle, dont a esté donné l'Arrest qui suit.

III.

SECOND ARREST DE LA CHAMBRE DES COMPTES
SVR LA COMMISSION DE MONSIEVR DE MACHAVLT.

VR les lettres patentes du Roy donnees à Fontaine-bleau le 27. May dernier, signees Louys, & plus bas, Par le Roy, Delomenie, par lesquelles S. M. a commis le Sr de Machault, Conseiller en son Conseil d'Estat, & Maistre des Requestes ordinaire de son hostel ; & les Sieurs Lescuyer & Boucherat aussi Conseillers dudit St. & Maistres ordinaires de ses Comptes, qu'elle a aussi commis & deputez, & sur les Denontiations & Memoires qui seront mis en ses mains, proceder à la verification des pretendues Faulcetez, Abus & Mal-versations qui se trouueront sur les Acquiéts, Roolles, Estats, & autres descharges rapportees és Comptes de maistre Pierre Debragelongne Conseiller du Roy & Tresorier general de l'exte des guerres pretendus & falcifiez, & autres Abus & Mal-versations par luy commises en l'exercice de sa charge, Instruction de procez, circonstances & dependances iusques à Sentence diffinitiue exclusiuement, & pour Greffier en ladite Commission, a aussi commis & deputé Me   Coupeau Conseiller & Secretaire du Roy, sans que autre que luy y puisse estre employé. Veut, mande & enioinct sadite Majesté à la Chambre, que ausdits Commissaires & Greffier, elle donne entree libre en icelle, & leur faire bailler & administrer par les Gardes des liures, toutesfois & quantes que besoin sera, tous les Comptes, Liasses, Acquiéts & autres papiers generallement quelconques, qui leur seront necessaires à l'effect de ladite verification & instruction de procez ; pour le iugement diffinitif desquels, pourueoir par sadite Majesté, ainsi que de raison, & mande à icelle Chambre faire enregistrer sesdites lettres, & au contenu d'icelles obeyr, sans y faire aucun refus ne difficulté, comme il est porté par icelles. Veu lesquelles par ladite Chambre, l'Arrest d'icelle du 5. May dernier, interuenu par autre Commission du 27. Auril precedente, mesme effect. Conclusions dudit Procureur general du Roy; Et tout consideré. LA CHAMBRE NE PEVT ENTRER A L'ENTHERINEMENT DESDITES LETTRES, Ordonne neantmoins que l'Arrest d'icelle du 5. May dernier sera executé, & en ce faisant qu'à la Requeste dudit Procureur general, Maistres Iean Lescuyer, Iean Boucherat, Conseillers Maistres, &   Vyon Auditeur, procederont incessamment à l'execution de leur Commission. Et à ceste fin est enioinct aux Denontiateurs contre ledit Maistre Pierre de Bragelongne, mettre és mains dudit Procureur general, Memoires & instructions des pretendues Faulcetez estans és Roolles & Acquits rapportez sur les Comptes dudit de Bragelongne aux fins d'estre par lesdits Commissaires procedé à la verification & instruction desdites Mal-versations, en dresser Procez verbal, pour le tout communiqué audit Procureur general, estre ordonné ce qu'il appartiendra par raison. Faict les deux Bureaux assemblez le 20. Iuin 1623. Signé Gobelin.

*   *   *

Oila comme la Chambre des Comptes s'empare & se rend maistre de cét affaire, & si le Sieur de Machault n'eust lasché la main, il eust bien faict d'autres poursuites pour la rendre obeyssante, & faire entrer le Roy dedans, n'y ayant nul de Messieurs ses Confreres, à qui la charge de cela eust esté don-

nee, qui n'euſt roidy le bras du Roy ſi fort, que la force en fuſt demeurée à S. M. &
le dementy, la honte & l'ignominie à ladite Chambre.

Comme fit Monſieur de la Grange Courtin en ſemblable cas, l'an 1605. en la
Chambre des Comptes de Roüen, les Officiers de laquelle firent les acariaſtres,
ceſſerent d'entrer, fermerent la Chambre, &, crainte d'eſtre pris au corps & encof-
frez, quitterent la ville. Mais il les fit interdire, eut pouuoir d'en eſtablir d'autres pour faire la Chambre, d'enfoncer, rompre & briſer les portes, & fit em-
priſonner les Gardes des Liures pour auoir les Clefs des Armoires.

Car puis que les Papiers & Acquits qui ſont és Cambres des Comptes ſont au
Roy, leſdites Chambres, lors que ſa Majeſté en a beſoin en quelque lieu que ce
ſoit pour ſon ſeruice, ne peuuent & ne doiuent vſer de retention. Ils n'en
ſont que gardiens, non proprietaires, & les doiuent exhiber & repreſenter
touteſfois & quantes, & à qui ſa Majeſté leur ordonne, auec les formes neceſſaires
pour la conſeruation d'iceux.

Quoy plus? s'vnir de zelle, ſonner le Tocſain, tendre la main aux Denontiateurs,
courir ſus le Financier, crier, au Larron, au Fauſſaire, au Coulpable de Peculat, & ſe
deſpoüiller de toutes pretentions pour l'acceleration des affaires de ſa Majeſté.
Non ſous vn vain, ou pluſtoſt malitieux pretexte, les ruyner & faire perir.

Ils n'en vſent pas ainſi entr'eux & leſdits Financiers. En la ſuſdicte Chambre
des Comptes, quand on demande quelque Compte, quelque Liaſſe d'Acquicts,
bien ſouuent on ne les trouue point. Mais apres auoir long temps cherché, ils ſont
dehors chez vn tel Mᵉ. chez vn tel Correcteur, chez vn tel Auditeur, &c.

A la reception du Sʳ. Preſident Gobelin, on trouua defaillir pluſieurs Liaſſes
ſur les Comptes du Sieur Gobelin ſon pere, qui auoit eſté Treſorier de l'extraordinaire des guerres, puis Treſorier de l'Eſpargne. Mais on les retrouua chez la
vefue d'vn Auditeur nommé le Sergent.

Vn volume original des Comptes de l'Eſpargne de Mʳ de Beaumarchais
s'eſtant trouué perdu, on en a refaict vn autre ſur les doubles dudit Sʳ.

A la Denontiation contre Chaumel Treſorier Prouincial en Lyonnois, on
ne peut trouuer vn Eſtat rapporté és Comptes de M. Ieroſme Garault Treſorier
de l'exᵗᵉ des guerres, en fin il ſe trouua chez vn Mᵉ. des Comptes.

Et à la reception du Sieur Girard Procureur general, on a trouué manquer ſept
ou huict cens Acquicts, & plus de quarante Eſtats és Liaſſes des Comptes de M.
Nicolas Girard ſon pere Treſorier des Ligues de Suiſſe.

Quand donc il eſt queſtion de leur faict, ils diſpoſent deſdits Comptes &
Acquits à leur plaiſir, tout eſt poſſible, tout eſt loiſible; ils les font ſortir & r'entrer quand ils veulent. Mais eſt-ce de quelque affaire pour le Roy contre quelque
inſigne Financier, ils font les ſcrupuleux.

Puis donc que le Sʳ. de Machault auoit laiſſé elluder ſa Commiſſion; puis que
la Chambre luy auoit fermé la porte; il n'y auoit plus de lieu à la detention de
Godeau, coulleur quelconque de le retenir priſonnier, ſon deuoir, ſon honneur,
& toutes ſortes de raiſons vouloient qu'il le remiſt en liberté. Que faict il donc? Il
l'eſlargit, ouy, & en deſcharge le Geollier, mais d'vne main, or de l'autre, il le re-
charge, voire il l'accable ſans reſourſe, comme on voit par ceſte Lettre.

V.

LETTRE DE MONSIEVR DE MACHAVLT
AV GEOLLIER DV FORT-L'EVESQVE.

MONSIEVR le Concierge, ces iours paſſez ie vous ay chargé de la perſonne de Iſaac Godeau, j'ay commandement du Roy de le remettre entre les mains de Monſieur le Procureur general en la Chambre des Comptes; Ie vous prie le faire amener aujourd'huy ſur le midy en ſon logis, auec ſi bonne ſeureté que vous le conduiſiez chez ledit Sr. Procureur general, & ce faiſant ie vous en deſcharge, & ie ſuis, Voſtre plus affectionné à vous faire ſeruice, de Machault. A Paris ce 8. Iuillet.

*   *   *

Ainſi demeure victorieux, & ainſi triomphe le Sr. de Bragelongne. Monſieur de Machault eſt à bas, le Procureur general de la Chambre des Comptes ne le mordra pas, la Chambre des Comptes ne luy fera point de mal. Quant à ſon Denontiateur, il ne le craint plus : on luy a donné le croc en Iambe. Monſieur de Machault l'a mis où il le demandoit, Il eſt, où ? à la Chambre des Comptes pour trauailler? non, dans la foſſe aux Lyons pour eſtre eſgorgé, il ne marche point, il ne peut pourſuiure, il ne ſe peut plaindre, il ne parle plus, il ne peut faire entendre ſa captiuité, ny ſa calamité au Roy.

Ledit Sr. de Machault mande audit Geollier de conduire Godeau auec bonne ſeureté. Pourquoy ? craignoit-il qu'il ne ſe vouluſt ſeruir de la Protection du Roy, ou ne rencontraſt des amis pour le recourre & mener à S. M? Il le ſemble, Le Geollier auſſi ayant ceſte peur ne le mene pas. Mais quatre iours apres, ledit Procureur general l'enuoye querir par des Huiſſiers de la Chambre, l'vn deſquels ſe charge de ſa perſonne enuers ledit Geollier, Appert par cét Acte.

VI.

ACTE MONSTRANT QVE LE PROCVREVR
GENERAL EN LA CHAMBRE DES COMPTES, S'EST
ſaiſi de la perſonne de Godeau.

I'AY Robert Simon, Huiſſier des Comptes & Treſor à Paris, me ſuis, ſuyuant le commandement de Monſieur le Procureur general du Roy en la Chambre des Comptes, tranſporté és priſons du Fort-l'Eueſque, auquel lieu i'ay pris la perſonne de Iſaac Godeau y detenu priſonnier, pour iceluy mener & conduire en l'Hoſtel, & pardeuant Mondict Sieur le Procureur general, duquel ie me ſuis chargé ſuyuant ledit commandement. Faict ce douzieſme Iuillet 1623. Signé Symon.

B iij

14

* * *

ET Huiſſier accompagné de ſes compagnons & autres , *cum fuſtibus &
armis*, mene Godeau audit Sr. Girard, lequel luy dit , que le Roy auoit
reuoqué la Commiſſion de Monſieur de Machault , auoit commandé
qu'il luy miſt ſes Memoires en main., & vouloit qu'il luy baillaſt les inſtructions
de ſa Denontiation pour en faire les pourſuittes, Que la Chambre l'auoit auſſi
ainſi ordonné ; qu'il auoit loiſir d'y penſer & ſe reſoudre, & ſans vouloir ouyr ledit Godeau, le renuoye en priſon, fait commander au Geollier de ne le laiſſer parler à perſonne , & quinze iours apres luy fait ſignifier ledit Arreſt de la Chambre
des Comptes.

VII.

SIGNIFICATION A GODEAV DE L'ARREST
DE LA CHAMBRE DES COMPTES.

AN 1623. le 27. Iuillet. A la requeſte de Monſieur le Procureur
general en la Chambre des Comptes; I'ay Huiſſier en icelle Chambre, ſoubs-ſigné , me ſuis tranſporté és priſons du Fort-l'Eueſque,
auquel lieu ay faict appeller entre les deux Guichets Iſaac Godeau à
preſent priſonnier en icelles priſons , & parlant à ſa perſonne luy ay
monſtré, ſignifié l'Arreſt cy deſſus tranſcript , & la preſente copie laiſſee , à ce
qu'il n'en pretende cauſe d'ignorance. Lequel parlant que deſſus , ay ſommé four-
nir & mettre és mains de Mondit Sr. le Procureur general, Memoires & Inſtructions ſuyuant ledit Arreſt , pour eſtre par Meſſieurs les Commiſſaires y denom-
mez procedé ſuiuant la teneur d'iceluy.

* * *

TANT de rigueurs, de cruautez & d'iniuſtice , ayans autant ou plus garot-
té l'eſprit de Godeau , que captiué ſon corps, perplex , il ne ſçauoit ſi le
Roy auoit reuoqué ſa grace, ou ſi on le vouloit pourſuiure comme complice du Sr de Bragelongne, ou ſi on luy auoit ſuſcité quelque fauſſe accuſation, ou
ſi Monſieur de Machault eſtoit mort. D'autre part, voyant l'attentat de la Chambre
des Comptes. Agité d'inquietudes, il reſpondit à l'Huiſſier dudit Sr. Girard ainſi.

VIII.

RESPONCE DE GODEAV.

LEQVEL Godeau a faict reſponce qu'il ne ſçait à quelle fin ledit
Sr. Procureur general luy fait ſignifier ledit Arreſt, pour n'y eſtre deſ-
nommé, & le ſomme auſſi luy declarer ſi c'eſt à ſa requeſte qu'il eſt
priſonnier, n'ayant point failly, & que le Roy ayant eſté aduerty qu'il
auoit cognoiſſance de quelques Mal-verſations commiſes au maniement de ſes
Finances deſtinees à l'extraordinaire des guerres, auroit eſté à Fontaine-bleau le
18. Auril dernier, ou par Breuer, Sa Majeſté l'auroit pris & mis en ſa protection, &
ordonné que toutes lettres neceſſaires luy en ſeroient expediees, & commandé au-
dict Godeau de declarer ce qu'il pouuoit ſçauoir deſdites Mal-verſations, & en

ne fçauez-vous pas que par les Edicts & Ordonnances du Roy, il est dit que s'il aduient plainte & doleance contre ceux qui auront delinqué en l'administration de leurs Offices, il faut conuoquer laChàmbre de Reuisy, composee de Messieurs du Parlement & des autres Cours Souueraines? Ne fçauez-vous pas que par les mesmes Edicts & Ordonnances, la cognoissance des Mal-versations commises aux Finances, est expressement attribuée à la Cour des Aydes? Si donc j'eusse voulu faire ma Denontiation à autre qu'au Roy, j'eusse fait assembler ladite Chambre de Reuisy, ou l'eusse faicte, non à vous qui n'en estes pas Iuges, mais à la Cour des Aydes qui m'eust tendu la main, qui m'eust fait jouyr de la grace du Roy & assisté de toute sa puissance.

A cela le Sieur Girard respondit. Godeau, Godeau, il semble que vous vous vouliez perdre. Et il repliqua. Monsieur, Monsieur, ie ne me veux point perdre, ny ne me perdray pas. Si ie me perds, ou plustost, si l'on me perd, c'est pour le zelle que j'ay au seruice du Roy. Au regard de moy, ce ne sera rien, ou peu de chose, ce sera sur le Roy que tombera toute la perte. Mais prenez garde, car, & vous, & Monsieur de Bragelongne, & Monsieur de Machault, & les Financiers,& qui que ce soit,en rendrez compte à sa Majesté.

Le Sieur Girard persista à dire. Godeau, Monsieur Godeau, ne dites pas cela, c'est à la Chambre de cognoistre des Denontiations, vous y pouuez faire la vostre en toute seureté. En toute seureté, Monsieur! c'est la seconde fois que vous me dites cela, mais plus vous le dites, plus ie me defie, comme le Passereau que l'Oyseleur veut prendre à la pippee. Plusieurs Denontiateurs en sçauroient bien que dire s'ils estoient icy.

1. Le Sr Bourgoin, que bien cognoissez, en a fait l'espreue. Iceluy pendant le voyage du Roy en Languedoc, vous auoit denoncé vne Obmission de Recepte de 2500. escus, faicte depuis vingt ans. Mais apres auoir poursuiuy pres d'vn an, & despensé plus dé 500. escus,vous auez fait receuoir les Obmissionnaires à compter, fait alloüer leur fausse despense, comdanner Bourgoin aux frais, despens, dommages & interests des Denoncez, que l'on a fait monter plus de 3000. liures. Dit par vos Conclusions qu'il n'estoit aux termes des Ordonnances du Roy pour pouuoir denoncer, la Chambre prononcé qu'il n'y auoit lieu de Denontiation en ladite Obmission de Recepte : & retenu par force tous ses Papiers, Memoires, Instructions & procedures. Et puis Denoncer en la Chambre des Comptes les Mal-versations commises aux Finances du Roy, quelle seureté ?

2. Pendant ceste poursuite, ledit Bourgoin, à fin de preparer la Recherche generalle pour le retour de S. M. vous auroit baillé vne Denontiation contre sept des principaux Tresoriers montant DIX MILLIONS DE LIVRES, entre lesquels estoit le Sieur de Bragelongne : Mais lesdits Tresoriers en ont esté tous aduertis, qui auroient incontinent faict leurs brigues pour le trauerser. Sur ce, la Chambre auroit faict venir ledit Bourgoin au grand Bureau, où presidoient les Sieurs Tambonneau & le Coigneux, & par la bouche dudit Sr Tambonneau on luy auroit demandé. Comment vous appellez-vous ? Qui estes-vous? Que venez-vous faire icy? Il auroit respondu. Messieurs j'ay nom Bourgoin, ie sers le Roy en la Recherche des Mal-versations commises en ses Finances. Ledit Sr President luy auroit dit; Vous estes vn impudent, allez, sortez de ceans, On vous enuoyeroit dans vn Cachot à la Conciergerie : Mais la Chambre vous faict grace. En suite

C

dequoy il auroit efté hué, heurlé, poüillé des Procureurs, des Clercs & des Huiffiers. Dont vous ayant faict plainte, vous n'en auez faict que rire. Et puis Denoncer à la Chambre des Comptes les Mal-verfations commifes aux Finances du Roy, quelle feureté ?

3   La plufpart des Prefidens & Mes de ladite Chambre font fils, beaux-fils, freres, beaux-freres, nepueux, coufins, comperes, commis & alliez de tous lefdits Financiers, Treforiers, Partifans, Fermiers & Affofciez. I'en ay la lifte, l'Eftat & le Memoire des degrez de parenté & alliance, & autre chofe & tout. De forte que les fils, beaux-fils, freres, beaux-freres, nepueux, coufins, comperes, commis & alliez, n'ont garde de juger & condamner leurs peres, beaux-peres, freres, beaux-freres, oncles, coufins, comperes, maiftres & alliez. Vous, Monfieur, eftes fils de Me Nicolas Girard, Treforier des Ligues de Suiffe, lequel a paffé par les mains des Denontiateurs en toutes les Recherches qui ont efté faictes de fon temps, dont a efté decretté plufieurs decrets de prife de corps contre luy, & n'en eft efchappé qu'au moyen des Abolitions & Compofitions auec les autres Financiers. Et puis Denoncer en la Chambre des Comptes les Mal-verfations commifes aux Finances du Roy, quelle feureté ?

4   Parle-t'on d'vne Denontiation faicte au Roy, ou aux Iuges ordinaires, pour la iuftification de laquelle S. M. ordonne, enjoint, veut, mande, commande d'exhiber les Acquits & les Comptes: *La Chambre ny peut entrer*, c'eft à dire. La Chambre ny veut entrer. La Chambre n'en fera rien. Elle ne les baillera pas. Elle en veut cognoiftre. Le Iugement luy en appartient. Et bien, Denoncez vous à la Chambre, pour luy donner la cognoiffance & faire faire le Iugement d'vn Peculat, d'vn Recellement, ou telle autre Mal-verfation; & l'auez vous iuftifiee de forte que vous en feriez Iuges les Pecores. Ho, *La Chambre a declaré qu'il n'y a lieu de Denontiation là, a condamné & condamne le Denontiateur aux frais, defpens, dommages & interefts;* C'eft à dire. La Chambre maintient & protege les Peculataires. La Chambre eft ennemie des Denontiateurs. La Chambre ne punit point les Larrons, ny ne veut fouffrir qu'ils foient punis par d'autres. Et puis Denoncer en la Chambre des Comptes les Mal-verfations commifes aux Finances du Roy, quelle feureté ?

5   Paris, mais toute la France celebre cefte parole de Monfieur Nicolay premier Prefident, lequel fortant de la Chambre, fuiuy de ceux qui comme luy confpirent au feruice du Roy (car il y en a de nets) eft couftumier de dire aux autres; *Meffieurs, ie vous recommande l'honneur de la Chambre.* Vne autre fois; *Meffieurs, ie vous recommande l'honneur de la Chambre.* Et tousjours touché de douleur voyant le mal qui s'y commet; *Meffieurs, ie vous recommande l'honneur de la Chambre.* Et puis Denoncer en la Chambre des Comptes les Mal-verfations qui fe commettent aux Finances du Roy, quelle feureté ?

Conclufion (je ne vous veux pas dire tout) le Roy fçait bien ce qu'il fait, fi la cognoiffance & le iugement des Mal-verfations commifes en fes Finances appartenoit à la Chambre des Comptes, il n'euft pas commis vn Maiftre des Requeftes pour y aller faire la verification de ma Denontiation; S. M. m'euft renuoyé droict à ladite Chambre. Mais il ne l'a pas fait, auffi ny denonceray-je point, auffi ny trauailleray-je point; Ie fuis en vos mains, Mr de Machault m'y a liuré, gehefnez, efcorchez, tenaillez, faites de moy tout ce que vous voudrez.

Les interruptions, le grincement de dents, & les menaffes du Sieur Girard, à l'ouyë de ces parolles font incroyables. Actions qui tefmoignent que fous vne exterieure apparence, le fruict cache la qualité de l'Arbre qui l'a produit. Il renuoye donc ledit Godeau au Fort-l'Euefque, fait commander au Geollier que perfonne ne parle à luy, & qu'on ne luy donne ny pain ny pafte, qu'il en cherche. Godeau neantmoins trouua moyen, en telles agonies, d'efcrire & faire tenir au Sᵗ Bourgoin qui eftoit lors prés S.M. à fainct Germain en Laye, ce Billet.

IX.

MISSIVE DE GODEAV AV Sᵗ BOVRGOIN.

MONSIEVR, ie vous conjure au nom de Dieu prendre la peine de me venir voir en toute diligence, & feindre de vouloir parler à monfieur Bedoüet marchand du Palais, prifonnier ceans; car fi vous me demandez, on ne vous lairra pas entrer. I'ay à vous dire chofes tres importantes touchant ce que vous fçauez; & m'affeurant que poftpoferez toutes affaires, Ie feray à jamais, Monfieur, voftre tres-humble feruiteur, Godeau. Au Fort-l'Euefque. ce 15. Iuillet 1623.

* * *

Bourgoin fçachant vrayement l'importance de l'affaire au feruice du Roy, vint à l'inftant, & entra en ladite prifon par cefte dexterité, où il parla audit Godeau qui luy dit auec larmes qu'il fe repentoit de n'auoir fuiuy fon Confeil; Qu'il auoit failly, mais par excez d'affection pour aduancer le feruice de fa Majefté; Qu'il eftoit perdu s'il ne le fecouroit, & qu'il aduifaft à ce qu'il falloit faire.

N'eft à obmettre, que lors que Godeau vint trouuer Bourgoin au commencement de fa Denontiation, Bourgoin ayant veu qu'il eftoit de la Religion pretenduë reformee, il luy dit vn mot des affaires de Dieu, apres auoir parlé de celles du Roy, luy remonftrant qu'il ne faut non plus errer auec les defuoyez de l'Eglife, que malverfer auec les Treforiers du Roy. Godeau en ladite prifon affeura Bourgoin, que depuis il y auoit tousjours penfé, & le pria de luy fouldre quelques doubtes: ce qu'il fit fuccintement.

Ayans donc pris refolution. Bourgoin retourna à fainct Germain, & aduertit le Roy, Monfeigneur le Chancelier, & Noffeigneurs du Confeil de la procedure du fieur de Machault, de Meffieurs des Comptes, & du Sieur Procureur general Girard, & prefenta la Requefte dudit Godeau, qui s'enfuit.

C ij

X.

PREMIERE REQVESTE DE GODEAV.
AV ROY.
ET A NOSSEIGNEVRS DE SON CONSEIL.

SIRE,

Isaac Godeau remonstre tres-humblement à V. M. qu'il luy auroit donné Aduis de quelques Mal-versations commises au manie-
ment de ses Finances destinees à l'extraordinaire de vos guerres, lesquelles se vou-
lant mettre en debuoir de verifier au mois de May dernier, il auroit esté mis prisonnier au Fort-l'Euesque le 16. dudit mois, sans aucun Decret, Information, ne faire
Escrouë de sa personne; ains soubs le nom emprunté de V. M. au preiudice du Breuet de protection qu'elle luy auroit donné le 28. Auril 1623. cy attaché; & ce pour
empescher le seruice qu'il est obligé à rendre V. M. par la verification desdites Mal-
versations. A CES CAVSES, SIRE, Plaise à V. M. ordonner que ledit
Godeau sera eslargy & mis hors desdites Prisons, à fin qu'il puisse rendre à V. M.
le seruice qu'il s'est proposé, & luy declarer les particularitez dudit affaire, qu'il
ne peut dire à autre pour le bien de son seruice. Et il continuera à prier Dieu pour
la santé, longue & heureuse vie de V. M. signé Godeau.

*   *   *

L'ON n'auoit plus ouy parler de cét affaire depuis Fontaine-bleau, elle
estoit enseuelie. Monsieur de Machault disoit aux vns que Godeau n'e-
stoit pas emprisonné à cause de sa Denontiation. Aux autres, que c'estoit
pour affaires particulieres, & aux autres, de peur que le Sieur de Bragelongne ne
le corrompist. Tout le monde donc fut esbahy d'entendre la verité. Parquoy
Monseigneur le Chancelier commanda à Bourgoin de mettre ladite Requeste és
mains de Messieurs de Bullion & de Preaux Conseillers du Roy en son Conseil
d'Estat, pour en faire rapport au Conseil, ce qu'ils firent subitement, & interuint
cét Arrest.

XI.

ARREST DV CONSEIL D'ESTAT DV ROY
SVR LA SVSDITE REQVESTE.

LA Requeste dudit Godeau est renuoyee au Sieur de Machault Conseiller du Roy, Maistre des Requestes ordinaire de son Hostel, pour
donner Aduis à sa Majesté des causes de l'emprisonnement d'iceluy
Godeau; pour ce faict, & veu audit Conseil, estre ordonné ce que
de raison. Fait au Conseil d'Estat du Roy tenu à sainct Germain en
Laye le 17. iour d'Aoust 1623. signé Bertrand.

* * *

LE mefme iour Bourgoin retourne à Paris trouuer ledit Sieur de Machault, auquel il bailla copie de ladite Requefte & Arreft collationnee par le Sieur Poiĉteuin Secretaire du Roy, & le fupplia de fe tranfporter à fainĉt Germain pour y fatisfaire. Ce qu'il dit qu'il ne feroit pas, alleguant qu'il alloit en fa maifon aux Champs. Sur ce, Bourgoin luy reprefenta l'Eftat miferable dudit Godeau, tel qu'il ne pouuoit plus fubfifter fans l'affiftance qu'il luy donnoit ; & fçachant bien qu'il eftoit neceffaire de le conferuer, au moins pour la confidera-tion de ce dont eftoit queftion, il feroit chofe tres-conuenable d'y donner feule-ment vn iour ou deux. A quoy ledit Sieur de Machault refpondit qu'il ne fe fou-cioit pas de ces affaires là. Toutesfois que dans douze ou quinze iours il yroit à fainĉt Germain, & qu'il verroit.

Trois fepmaines expirees, voyans que ledit Sieur de Machault ne venoit point, ledit Godeau auroit faiĉt vne autre Requefte au Roy, laquelle Bourgoin pre-fenta encor à Monfeigneur le Chancelier, & mit par fon commandement és mains de Mefdiĉts Sieurs de Bullion & de Preaux, de laquelle enfuit la teneur.

XII.

SECONDE REQVESTE DE GODEAV.

AV ROY.

ET A NOSSEIGNEVRS DE SON CONSEIL.

 IRE,

Ifaac Godeau cy deuant employé à l'extraordinaire des guerres vous remonftre tres-humblement, Que fur les Offres & Propofitions faiĉtes à V.M. par Mᵉ. Iean Bourgoin pour la Recherche des Mal-verfations commifes en vos Finances, il auroit donné Aduis à V.M. de grand nombre de Faulcetez, Lar-cins & Peculats commis par Mᵉ Pietre de Bragelongne Treforier general de l'ex-traordinaire des guerres, montans plus d'vn million de liures employees és Com-ptes par luy rendus en la Chambre des Comptes.

Ce que V.M. ayant entendu, elle auroit par fes Lettres patentes du 27. Auril dernier, commis le Sieur de Machault Maiftre des Requeftes pour proceder à la verification defdits cas & crimes, & à l'Inftruĉtion du Procez ; Pour, ouy fon rap-port, eftre pourueu par V.M. ainfi que de raifon ; & à cefte fin, mandé à ladite Chambre bailler & adminiftrer audit Sieur de Machault tous Comptes, Liaffes, Acquiĉts & Papiers neceffaires.

Et pour ce que à la fuggeftion dudit de Bragelongne & de fes complices, ledit Godeau a trampé en aucunes defdites Faulcetez, V.M. luy auroit pardonné telles fautes, & prins en fa proteĉtion pour trauailler à la verification d'icelles, felon qu'il eft porté par Breuet du 27. dudit mois d'Auril.

Or eft-il, que ledit Sʳ de Machault fe feroit tranfporté en ladite Chambre, & prefenté fadite Commiffion. Mais par Arreft du 5. May, ladite Chambre auroit

C iij

refusé d'exhiber lesdits Comptes, Liasses & Acquicts, & ordonné que ladite Denontiation seroit inscripte sur le Registre du Procureur general en icelle.

Le 16. dudit mois, ledit Godeau qui ne pensoit qu'à trauailler à cét affaire, auroit esté mis prisonnier au Fort-l'Euesque dans vn Cachot, & l'auroit-on foüille & pris ce qui estoit dans ses pochettes, voire la Clef de son Coffre, où sont les papiers concernans sa Denontiation.

Vostre Majesté ayant sceu le refus de ladite Chambre, & veu que ce proceder ruynoit vne affaire de grande importance à son seruice, auroit decerné autres Lettres patentes le 27. ensuiuant, par lesquelles elle auroit encor commis ledit Sr de Machault auec les Sieurs Lescuyer & Boucherat, Maistres des Comptes, pour proceder à la verification desdites Mal-versations, & enjoint à ladite Chambre obeyr, sans y apporter empeschement.

Ce qu'elle auroit derechef faict, & par Arrest du 20. Iuin declaré ne pouuoir entrer à l'entherinement desdites Lettres, ordonné que lesdits Maistres des Comptes executeront ladite Commission à l'exclusion dudit sieur de Machault; & enjoint aux Denontiateurs mettre leurs Memoires és mains dudit Procureur general, à fin de proceder à la verification desdites Mal-versations, pour en estre ordonné par ladite Chambre.

Par ainsi, au lieu que V.M. vouloit estre Iuge de cét affaire, & par l'eschantillon d'icelle, voir comme ses Finances sont prises & vollees, ladite Chambre s'est opposee à son desir, & s'en est attribué la cognoissance.

Cependant par les artifices dudit de Bragelongne, ledit Godeau pourrit miserablement en prison, sans pouuoir sçauoir par qui, ne pourquoy il y est detenu; sans le vouloir aussi laisser voir ne parler à personne, auec toutes les rigueurs qui se peuuent excogiter.

Mais, SIRE, trente-huict iours apres ledit Arrest du 20. Iuin (ô prompte expedition pour rechercher les Mal-versations des Financiers) trente-huict iours apres, dis-je, à sçauoir le 27. Iuillet, vostredit Procureur general s'est aduisé de le faire signifier audit Godeau; & par vne derision manifeste faire commandement de luy mettre és mains ses Memoires pour proceder, dit-il, à la verification desdites Mal-versations.

Surquoy ledit Godeau represente tres-humblement à V.M. Premierement, que ladite Chambre entreprend vne Iurisdiction qui luy est interdite, & est expressement attribuee à vostre Cour des Aydes. 2. Que ladite Chambre n'ayant voulu verifier les Commissions reiterees dudit Sieur de Machault; c'est à V.M. à pouruoir de Iuges. 3. Que ledit Godeau ayant Denoncé à V.M. il ne peut agir que pardeuant les Commissaires par elle deputez. 4. Ladite Chambre & ledit Procureur general voyans ledit Godeau opprimé, c'est chose inique luy demander ses Memoires, & qu'il verifie en prison vne Denontiation contre vn Financier en liberté, & de tel credit qu'est ledit de Bragelongne. Et 5. les Presidents & Maistres de ladite Chambre sont presques tous parens, alliez & yssus de Financiers, & le Sr Girard vostre Procureur general en icelle, suspect plus que nul autre.

Partant ledit Godeau auroit presenté Requeste à V.M. le 17. Aoust dernier, pour estre mis hors desdites prisons à fin de trauailler à sadite Denontiation. Dont V.M. auroit ordonné qu'elle seroit renuoyee audit Sieur de Machault pour donner aduis des causes de l'emprisonnement dudit Godeau, pour ce faict, & veu en voſtre Conſeil eſtre ordonné ce que de raiſon. Laquelle Requeſte ledit Godeau a communiquee à iceluy Sieur de Machault.

A CES CAVSES, SIRE, & attendu que ledit Godeau n'a point deſeruy V. M. en ladite Denontiation. Que l'empriſonnement de ſa perſonne eſt tortionnaire, & fait au preiudice de la protection que V. M. luy a donnée. Qu'il a eſté, & eſt touſiours preſt de verifier ſa Denontiation, ſur les peines de l'Ordonnance. Que la Chambre des Comptes ne peut, & ne doit prendre cognoiſſance de cét affaire. Qu'il eſt impoſſible de pourſuiure & verifier vne Denontiation en priſon. Que ce traittement empeſche ceux qui ont cognoiſſance des Malverſations des Financiers, de les reueler. Bref, que c'eſt fermer la porte aux Denontiateurs, & l'ouurir aux Peculataires.

PLAISE à V.M. ordonner qu'iceluy Godeau ſera eſlargy & mis hors deſdites priſons du Fort-l'Eueſque; à la charge de ſe repreſenter, à peine d'eſtre puny comme Calomniateur. Et pour la deſpence par luy faicte en ladite priſon, dommages & intereſts ſoufferts en icelle depuis cinq mois, luy faire taxe de la ſomme de Deux mil liures, à fin qu'il puiſſe continuer le ſeruice qu'il doit à V. M. & prier Dieu pour ſa longue proſperité. ſigné Godeau.

* * *

Ourgoin remonſtra à Meſdits Sieurs de Bulion & de Preaux qu'il auoit recogneu que ledit Sieur de Machault n'eſtoit en volonté de donner ſon Aduis; partant qu'il leur pleuſt rapporter ladite Requeſte. Mais à cauſe des diuers bruicts de l'empriſonnement dudit Godeau, meſdits Sieurs dirent qu'il eſtoit neceſſaire (ce qui eſtoit tres-vray) d'ouyr ledit Sieur de Machault à qui le Roy auoit donné charge de l'affaire de ſa Denontiation, que le quartier dudit Sr de Machault approchoit, & que lors le Conſeil parleroit à luy.

Parquoy Bourgoin eſpia le retour dudit Sieur de Machault, & ſe trouuant chez luy à ſon arriuee, il le conjura par le ſeruice du Roy de rendre la liberté audit Godeau qu'il luy auoit oſtee, & qu'il ſe rendoit pleige & caution pour luy de l'euenement de ſa Denontiation. À quoy ledit Sieur de Machault ne reſpondit vne ſeulle parole.

Bourgoin ayant appris de ſes domeſtiques, que le lendemain il alloit à ſainct Germain, il le ſuyuit à la trace, ſe preſenta à luy dans la court du Chaſteau vieux, & le requit de proceder ſuyuant ledit Arreſt. Le meſme iour à l'yſſuë du diſner de Monſeigneur le Chancelier, Meſdits Sieurs de Bulion & de Preaux preuenans la ſollicitation de Bourgoin, demanderent audit Sr de Machault s'il ne ſçauoit pas ce qui auoit eſté ordonné touchant le Denontiateur du Sieur de Bragelongne. Qu'il ne falloit point perdre de temps à cét affaire, & que le Roy auoit tres-expreſſement commandé d'y trauailler. Auſquels il dit que ouy.

Au ſortir de là, ledit Sieur de Machault monte à cheual, Bourgoin apres ſur ſes pas à Paris, & le voyant, il luy dit qu'il n'auoit pas loiſir de penſer à cela. Bourgoin le requit, puis qu'il eſtoit tant empeſché, de luy bailler donc ſon Aduis par eſcrit pour le porter à Noſſeigneurs du Conſeil. *Ie n'en feray rien*, dit il, Parquoy Bourgoin voulut rebrouſſer à ſainct Germain, reſolu de le dire au Roy.

Auant que partir, il luy monta en l'eſprit d'aller voir Godeau, ce qu'il fit, & le trouua au lit en grandes convulſions, à l'abord il s'eſcria. *Monſieur, ie ſuis mort, On m'a empoiſonné, Monſieur de Machault ne veut donner permiſſion de me faire penſer.*

Bourgoin fortit foudainement, & en aduertit ledit Sieur de Machault, lequel luy dit en cholere, *Vous estes importun, ne m'en parlez plus.*

C'estoit le 5. iour d'Octobre, Bourgoin tourne bride, court à sainct Germain, recite le tout à Monseigneur le Chancelier, & à Mesdits Sieurs de Bulion & de Preaux. Il estoit fort tard. Le lendemain la susdite Requeste fut la premiere rapportee au Conseil, l'Arrest donné, signé, expedié & deliuré en mesme instant, dont suit la teneur.

XIII.

ARREST DV CONSEIL D'ESTAT DV ROY POVR
L'ESLARGISSEMENT DE GODEAV.

VR LA REQVESTE PRESENTEE AV ROY par Isaac Godeau, tendant à ce que pour les considerations y conte-nues, il pleust à sa Majesté ordonner qu'il sera eslargy, & mis hors des prisons du Fort-l'Euesque, à la charge de se representer, à peine d'estre puny comme Calomniateur. Veu ladite Requeste, & tout consideré. LE ROY EN SONDIT CONSEIL, a ordonné & or-donne que ledit Godeau sera eslargy, & mis hors des prisons dudit Fort-l'Euesque, & mis en la garde de Claude le Gay Huissier audit Conseil, lequel s'en chargera sur l'Escroue desdites Prisons. Et par ce moyen le Geollier en demeurera bien & val-lablement deschargé. Fait au Conseil d'Estat du Roy tenu à sainct Germain en Laye le 6. jour d'Octobre 1623. signé De Flecelles.

*   *   *

ET Arrest mis és mains dudit Maistre Claude le Gay, luy & Bourgoin prennent le galop pour deliurer ledit Godeau, mais ils trouuerent qu'il estoit desja dehors, ainsi qu'il est porté par le procez verbal dudit le Gay fait le lendemain.

XIIII.

PROCEZ VERBAL SVR LA MORT
DVDIT GODEAV.

E HVICTIESME jour du mois d'Octobre mil six cens vingt trois. Ie Claude le Gay Huissier ordinaire du Roy en ses Conseils d'Estat & priué, m'estant acheminé expres du lieu de sainct Germain en Laye en ceste ville de Paris, me suis transporté és prisons du Fort-l'Euesque, accompagné de Me Iean Bourgoin S. Dailly, où estans parlant és personnes de Pierre le Breton Concierge desdites Prisons, & Claude Gros-jean Commis au Greffe de la geolle, trouuez entre les deux guichets. Ie leur ay faict commandement de par le Roy, en vertu de l'original de l'Arrest donné au Conseil d'Estat de sa Majesté, tenu le 6. iour de ce mois; de me representer la per-sonne de Isaac Godeau prisonnier esdites prisons, pour l'eslargir & prendre à ma garde, conformement audit Arrest; & de m'exhiber le Registre de ladite geolle, pour sur iceluy descharger l'Escroue de son emprisonnement. Lesquels le Breton & Gros-jean ont faict responce qu'il n'y auoit point d'Escroue de l'em-

prisonnement